AF440374

UN ENFANT

DE

MONTBÉLIARD,

LE

FILS D'UN BOULANGER.

Se vend au profit

DES INONDÉS DE LA SUISSE

20 centimes.

UN ENFANT

DE

MONTBÉLIARD,

LE

FILS D'UN BOULANGER.

Se vend au profit

DES INONDÉS DE LA SUISSE

20 centimes.

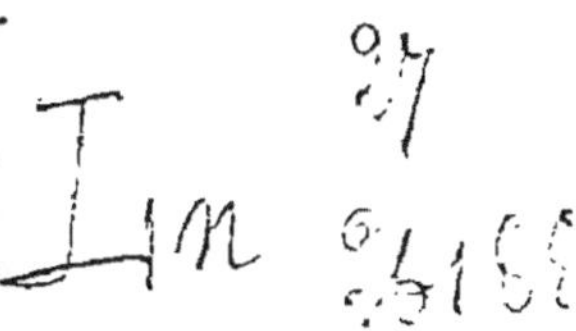

UN ENFANT DE MONTBÉLIARD.

Le titre que nous avons adopté attirera, peut-être, plus l'attention que le mot de notice, de biographie ou de portrait, et nous désirons vivement que la vente de cet opuscule, nous permette d'envoyer quelques francs de plus aux pauvres inondés de la Suisse.

Le *Journal de l'Agriculture* publié par M. Barral, est venu nous apprendre la mort d'un homme remarquable, *Jacques-Frédéric Saigey,* fils du boulanger Charles - Frédéric Saigey et d'Anne-Marguerite Dubois, né derrière les halles de Montbéliard, le 29 Nivôse an V ou 17 Janvier 1797. La maison doit bientôt porter l'inscription : *Ici naquit....*

Après avoir passé deux ans dans la paisible retraite d'un industriel, où il trouva l'occasion de se livrer à des travaux de précision et d'apprendre à se servir habilement de tous les outils qu'un physicien expérimentateur doit savoir manier dans une foule de circonstances, s'il veut éviter des pertes de temps et d'argent, Saigey se décida à quitter son pays natal et à aller à Paris pour puiser aux sources de la science. Il y grossit la foule des jeunes gens sérieux dont la vie est une suite de privations, et pour lesquels le monde est tout entier dans les amphithéâtres, les bibliothèques, les musées et les réunions savantes. C'était en 1820, après avoir fait de fortes études au collége de sa ville natale et sous la direction d'un vieil oncle, Louis Dubois, professeur de mathématiques, qui, pour essayer l'intelligence de son neveu et voyant ses dispositions, son esprit avide de connaissances positives, lui posa cette question : Qu'est-ce qu'un cercle ?

En 1821, Saigey suivit les cours du Collège de France et de la faculté des sciences, puis entra à l'Ecole normale pour en sortir l'un des meilleurs élèves. Lors de la fermeture de cette Ecole, Saigey fut accusé de libéralisme et signalé comme *protestant;* aussi ne songea-t-il à demander aucun emploi au pouvoir. Nous ne parlerons pas de lui comme homme politique, nous dirons seulement qu'il a bien connu Raspail.

Ses travaux ne tardèrent pas d'être appréciés dans l'enseignement élémentaire, telle que sa *Physique du globe*, où il examine les phénomènes qui se passent dans l'atmosphère et dans la masse du globe, en rappelant les lois spéciales qui les régissent. Sont aussi bien remarquables sa *Métrologie ancienne et moderne*, ses ouvrages de *Mathématiques élémentaires*, d'*Arithmétique* sur les poids et mesures, ses éléments d'*Algèbre*, des *Sciences physiques, naturelles, chimiques* et *astronomiques*, ses *Manuels pour le baccalauréat-ès-lettres et ès-sciences*. Les simples instituteurs, les élèves des collèges, combien de professeurs et de savants lui doivent de la reconnaissance.

Saigey fut chargé de mettre en ordre les matériaux des œuvres de Descartes qui composent le 5e tome de l'édition qu'à donnée Cousin en 11 volumes in-8°, de 1824 à 1826. Cette partie, même dans les éditions publiées du vivant du célèbre philosophe français, avait

toujours été entachée d'inexactitudes fâcheuse:
de fautes de calcul, et disposée confusémen
Il mit dans le remaniement de ce volume u
goût éclairé et une patience consciencieuse. L
Supplément à la *Biographie universelle et poi
tative des contemporains*, *La France littérai*
et *La Littérature française contemporaine*
indiquent la plupart des ouvrages dûs aux veille
prolongées de notre honorable et laborieu
compatriote.

En 1825, Saigey entra à la rédaction d
Bulletin universel des sciences, fondé par d
Ferussac, et se chargea, avec succès, de l
partie des sciences mathématiques, physique
et chimiques. Cette collaboration rendit les plu
grands services aux lecteurs de ce savant Bulle
tin, qui exigeait une grande variété de connais
sances. Quand il en quitta la rédaction, le
hommes les plus marquants parmi les lecteur:
de ce journal, s'aperçurent de son absence e
en témoignèrent leurs regrets.

En 1829, il fonda les *Annales des science:
d'observation*, qu'il a enrichies de plusieurs
mémoires, entr'autres sur les lois des phéno-

mènes attribués au magnétisme en mouvement, sur la figure de la terre déterminée par les oscillations du pendule, sur l'électricité. Ces recherches ont exigé des expériences nombreuses et délicates, faites avec des appareils exacts, construits des propres mains de Saigey.

Cette même année, il voulut passer quelques jours au sein de sa famille, et se promenant un matin vers *l'Enclos*, il s'approcha d'ouvriers occupés à creuser pour établir une pompe. Ce travail offrant certaines difficultés, Saigey descendit dans les fouilles et donna d'utiles directions. Aussi, pendant quelque temps, la pompe de l'Enclos fut appelée *pompe Saigey.*

En 1831, il dirigea le *Lycée*, journal universitaire qui devint scientifique, dans lequel fut inséré le compte-rendu des séances des sociétés savantes et des travaux de l'Académie des sciences, corps auquel il adressa plusieurs mémoires importants. Tous ses ouvrages, dit le *Dictionnaire des Contemporains*, sont très-goûtés pour leur clarté.

Après une carrière aussi laborieuse, on est à se demander comment il se fait que Saigey n'a appartenu à aucun corps savant de la capitale. La *Biographie universelle* répond que c[e] sera un service de plus qu'elle rendra, si ell[e] fait connaître un homme qui n'a commis [le] soin de se faire annoncer à aucune des trom[-] pettes ordinaires de la renommée. D'un autr[e] côté, la *Revue scientifique et industrielle*, ca[-] hier d'Avril 1840, aurait voulu voir entrer [à] *l'Institut* ce savant peu connu du public, qu[i] a créé de grandes théories physiques, qui [a] trouvé, par le calcul et l'expérience, des loi[s] importantes. Il s'agissait du fauteuil laissé vacan[t] par le mathématicien Simon - Denis Poisson[,] professeur de mécanique, examinateur à l'Écol[e] polytechnique, etc., etc.

Jacques Saigey fut un homme de cœur et u[n] grand patriote : ses parents ont laissé un hono[-] rable souvenir à Montbéliard. Son père, ancie[n] d'Église, lisait la Bible publiquement, au milie[u] d'une grande affluence d'auditeurs, au templ[e] St-Martin, le jour de Jeûne de Septembre ; nou[s] l'écoutions toujours avec un profond respect[,] il y a 50 ans.

C'est au moment où la Commune de Pari[s]

marquait son déplorable passage que Jacques Saigey est mort, le 26 Mai, dans sa 74ᵉ année. Il fut conduit modestement au cimetière d'Ivry, en dehors des fortifications, accompagné de cinq personnes, dont l'une en profita pour échapper aux rigueurs et aux persécutions sanglantes de la Commune.

Saigey a désiré que ses cendres fussent transportées à Montbéliard : son décès a été inscrit à la mairie du 5ᵉ arrondissement. Le soir de ses funérailles, l'armée française est entrée à Paris. On était dans un moment de surexcitation extraordinaire, aussi n'y eut-il pas possibilité de réclamer le ministère d'un pasteur dans cette circonstance de deuil. Nous devons ces détails intimes à une personne qui a parfaitement connu Saigey, et qui a eu le bonheur de le soigner à la fin de sa carrière. Qu'elle reçoive encore ici toute l'expression de notre reconnaissance.

Les deux frères et la sœur de Saigey n'ont pas eu d'héritage à recueillir. Quelques vieux meubles, style Louis XV, d'autres venant de Bernardin de Saint-Pierre, une magnifique collection de gravures représentant des sujets

bibliques, des instruments en bois pour les scier
ces mathématiques et physiques, composaier
son petit mobilier, que de ses connaissance
s'empressèrent d'acheter à l'hôtel des ventes. A
grand étonnement de chacun, on n'a trouv
aucun manuscrit dans sa chambre. Lors d
bombardement de Paris par les Prussiens, Saige
parla de mettre ses ouvrages en sûreté, mais s
famille n'a pu encore savoir à qui il les a con
fiés, entre autres le manuscrit de sa grand
physique du globe, travail de plus de 40 ans
Les scellés, que réclamèrent les propriétaire
de son logement, furent rompus par l'explosio
de la poudrière du Luxembourg.

Celui que nous appelons un enfant de Mont
béliard, parmi tant d'autres qui ont honoré l
travail intellectuel, encouragea quelques jeune
gens recommandés à sa bienveillance, auxquel
il donna des leçons. D'autres se rencontraien
le soir au café Procope, où Saigey lisait régu-
lièrement les Journaux et les Revues, donnan
ensuite audience à tous ceux qui avaient à lu
parler, à lui demander des conseils, à lu
soumettre des travaux.

S'étant mis à fabriquer des instruments de précision de mathématiques et de physique, il occupait à ce travail de ses compatriotes qui devinrent ses élèves et ses apprentis.

Le *Journal de l'Agriculture* où nous avons appris sa mort, N° du 22 Juillet, page 141, s'exprime ainsi :

« Nous avons rendu un dernier témoignage à deux hommes qui se sont distingués, l'un comme physicien ; l'autre comme ingénieur, et dont les travaux ont été utiles à l'agriculture. Le premier est M. Saigey, auteur d'un petit traité de physique terrestre qui est un chef-d'œuvre ; les météores qui exercent une si grande influence sur la production agricole, y sont étudiés d'une manière magistrale. M. Saigey est mort pauvre et il n'a jamais été heureux ; il avait, dit-on, le caractère difficile ; soit, mais le monde savant officiel a manqué à ses devoirs en n'encourageant pas un homme dont les recherches étaient utiles et eurent pu être extrêmement fécondes.... »

Nous croyons ce témoignage vrai et fondé en tous points, et c'est ce qui a réveillé en nous

beaucoup de souvenirs que nos compatrio[t]
accueilleront, sans doute, avec empressemen[t]
en considération aussi de l'œuvre de secou[r]
que nous recommandons en faveur de nos frèr[es]
affligés de la Suisse. Il appartenait, peut-être,
l'auteur des *Hommes connus dans le mon[de]
savant, nés ou élevés à Montbéliard*, de publi[er]
ces faibles lignes. Ceux qui leur feront un b[on]
accueil, rendront hommage au savant et tr[a]
vailleur Saigey, à l'indépendance de son nob[le]
et bizarre caractère et à son patriotisme, d'u[n]
côté, et, de l'autre, donneront une nouvel[le]
marque de reconnaissance à nos généreux vo[i]
sins qui ont comblé de biens notre contrée où [la]
guerre vient de faire tant de mal.

G. GOGUEL, pasteur.

Membre de la Société de protection
des apprentis.

Ste-Suzanne,   Septembre 18[71].

IMP. ET LITH. DE H. BARBIER A MONTBÉLIARD.

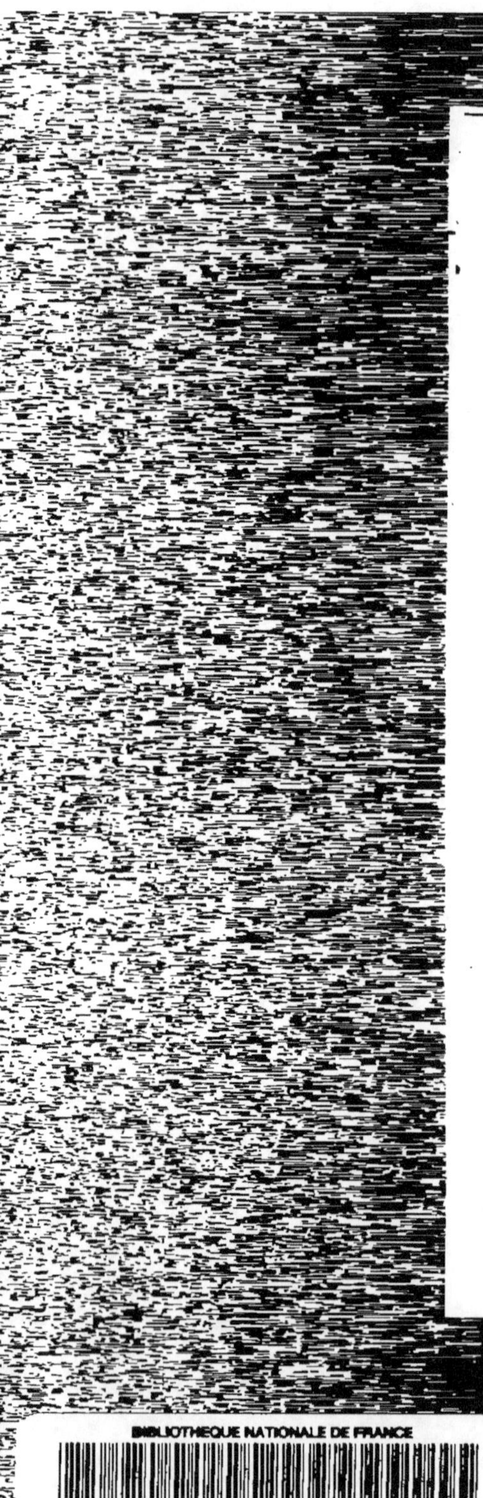